linda maria brenke

linda maria brenke

© 2021, Linda Maria Brenke
Herstellung und Verlag: BoD – Books on Demand,
Norderstedt
ISBN: 9783753427041

linda maria brenke

CHAOS

Linda Maria Brenke

linda maria brenke

Linda Maria Brenke, 2001 geboren in Köln, entdeckte früh ihre Leidenschaft zum Schreiben und entwickelte zusammen mit den Höhen und Tiefen des Lebens schnell eine Vorliebe für Poesie und Poetry Slams. Mehrmals stand sie bereits in Deutschland und Österreich mit eigenen Slams auf der Bühne.
Brenke lebt in Köln, schreibt über ihr Leben, fotografiert und fängt voraussichtlich Ende 2021 an zu studieren.

Zu finden auf; www.lindamariabrenke.com
Instagram; @lindamariabrenke

linda maria brenke

Für mich.

Und jeden der sich in mir verlieren will.

linda maria brenke

CHAOS

Chaos ist ein Zustand
von vollständiger Unordnung und Verwirrung.
Ein Zustand aus dem
jegliche Kreativität und Leidenschaft,
jeglicher Tiefsinn in mir entspringt,
ein Ort in dem jedes meiner Worte
seinen Ursprung findet.

In der griechischen Mythologie gilt Chaos
als der Urzustand der Welt,
ein Schattenreich aus Masse und Energie,
ein leerer und unergründlicher Raum
am Anfang der Zeit,
aus dem alles erschaffen wurde,
einschließlich des Universums und des Kosmos.

Aus Chaos entstehen die ersten Göttergeschwister:
Gaia, Eros, Erebos, Tartaros und Nyx

linda maria brenke

Inhaltsangabe

Gaia 11

Eros 46

Erebos 89

Tartaros 117

Nyx 141

linda maria brenke

GAIA

Gaia, entstanden aus dem Chaos,
gilt als griechische Fruchtbarkeitsgöttin,
Mutter der Erde und die personifizierte Natur.

Gaia ist der Ursprung ihrer Welt,
sie sorgt für das Wachstum der Natur
und mit ihr nahm alle Schöpfung ihren Lauf.

Aus ihr entsteht jegliches Leben
und zu ihr kehrt jegliches Leben
nach dem Tod zurück.

Das Kapitel Gaia repräsentiert für mich
ein Gefühl von Freiheit, eine jugendlichen Naivität
und eine tiefe Verbundenheit zur Natur.
Es sind die glücklichen Anfänge des großen Ganzen.

linda maria brenke

Ursprünge

Ich komme aus
dem Tumult einer Großstadt
und den liebenden Armen
grenzenloser Geborgenheit.
Aus einer Stadt die nie still steht
und einem Zuhause
an dem ich gerne Halt mache.

Wellengang

Heiße Sonnenstrahlen
auf meinen Schultern,
eiskaltes Wasser
klatscht gegen meine Beine,
Durst auf der Zunge
und ein Lächeln auf den Lippen.

Im Hintergrund sanftes Rauschen
und die Melodie des Meeres.

Sonnenanbeterin

Silber und Gold schmückt deine Glieder
und du schließt sanft deine Lider,
reckst dich der Sonne entgegen,
lässt dich von ihren Strahlen täglich neu beleben.

Sie tropfen wie Honig auf deine Haut,
habe schon lange nicht mehr weggeschaut,
weil sie dir so sehr schmeichelt,
deine Kurven wie in goldenen Marmor gemeißelt.

Heavenly kiss

The sun
french kissed
my skin

with such passion
that even flowers
became jealous.

Sunny

your name says it all

you are –
oh, so divine
like liquid sunshine
trapped on earth
not knowing your true worth

sometimes you wonder
about all the thunder
and why it rains so much
when winter comes in touch

you just don't seem to see
that everyone feels so free
and the amount of sunlight
when you smile so bright

ein Sommerabend Anfang August

Wasser schwappt,
Grillen zirpen,
im Boden versickerte Hitze des Tages.
Kalte Abendluft auf der Haut,
links geht die Sonne unter
und rechts der Mond auf.

Zufrieden müdes Lächeln,
Grillkohle und Nostalgie liegt in der Luft.

Autobahn

Stickige Luft,
warmer Fahrtwind,
rechts und links Felder und Weiden,
geradeaus kilometerweit Autobahn.

Laute Beats schallen aus dem Radio,
jedes Lied rollt übermütig über meine Zunge
in die große weite Welt hinaus.

manchmal morgens

Die Musik spielt im Hintergrund
eine Melodie der Unendlichkeit
und durch die Fensterscheiben
strahlt die Morgensonne.

Kaltes Parkett unter nackten Füßen
und ein zögerliches Lächeln im Gesicht,
der Rhythmus der Musik
trägt meine Gedanken davon,
lässt sie durch das Fenster in den Wind schlagen
und ich schaue ihnen nicht hinterher,
wenn sie am Horizont verschwinden.

Heute lasse ich es zu,
heute geht's mir gut.

manche Tage

Manche Tage sind anders,
besonderer.

Als würde man wissen,
dass dieser von Bedeutung ist.
Getunkt in die Illusion
man könnte die Welt verändern,
zufrieden mit dem Glauben daran.

ohne roten Faden

Wir machten
oder waren immer alle blau
und auch ziemlich grün hinter den Ohren.
Wir wurden ab und zu rot
und ärgerten uns schwarz,
hatten bestimmt keine weiße Weste,
aber trugen auch an grauen Tagen
stets rosa-rote Brillen.

Lass es dir schmecken

Lass es dir Schmecken,
mal so richtig auf der Zunge zergehen.
Mach die Augen zu,
spüre das Prickeln des Lebens
zwischen Gaumen und Zunge
hin und her springen und hüpfen
und dir dann sanft die Kehle runterrutschen.

Der Rausch der Jugend

Ich weiß irgendwann,
da schaue ich wahrscheinlich auf mein Leben zurück
und lächle amüsiert auf mein jüngeres Ich herab,
weise wissend,
dass ich gerade jetzt ziemlich naiv bin.
Mehr leide als es vielleicht angebracht wäre,
generell viel emotionaler bin als vielleicht nötig
und wohl oder übel
auf die ein oder andere dumme Idee komme.
Ja, das weiß ich jetzt schon.
Und doch bin ich,
auf irgendeine nicht ganz definierbare
Art und Weise
unglaublich glücklich in dieser
jungen Unwissenheit.

Ich bin wie ein Schwamm.
ich saug alles in mir auf
und jedes Mal,
wenn sich mein Herz ganz fest zusammenzieht,
so fest, dass es fast ein klein wenig weh tut,
dann laufen Augen und Mund voller Gefühle über.

Denn wir sind jung
und dumm und frei
und unser Leben ist;
voll mit tausend ersten Malen.

linda maria brenke

Voll mit langen Nächten
die zu frühen Morgen werden,
voll mit ersten Küssen
in Stroboskoplichter getaucht,
voll mit Nachtwanderungen
durch die Straßen unserer Stadt
voll mit Bier in den Haaren,
voll mit Lagerfeuergeruch in Lieblingsjacken,
voll mit Stickern an unseren Wänden
voll mit Polaroids über unseren Betten
und Träumen in unseren Köpfen.

Plötzlich werden alle 18,
aber noch lange keiner erwachsen.
Ausnahmslos jedes Wochenende raus - ohne Pause
Die Uni Mensa wird unser zweites Zuhause,
hier tanzen wir auf Tischen
bis sie unter uns zusammenbrechen
und heulen nachts den Mond an.
Solange bis wir angeschwipst zur Ruhe kommen,
glücklich und ein bisschen benommen,
zu den größten Philosophen werden,
die diese Nacht zu bieten hat.

Wir fahren immer und überall mit dem Fahrrad hin,
aber am liebsten in den Sonnenuntergang.
Wir liegen auf Handtüchern am Anglersee,
weil den wenigstens nicht jeder kennt,
trinken Bier und schauen der Sonne zu
wie sie im See ertrinkt.

Wir chillen 420 mit dem Ghettoblaster am Aachener
und auch dann, wenn da Techno läuft,
und sich jeder Student den Kopf vollsäuft.
Dann ist endlich wieder Karneval,
wir machen ausnahmsweise mal
den Tag zur Nacht,
vergiften unsere Leberwerte
und hängen von früh bis spät auf der Zülpicher.
Treffen jeden Menschen den wir kennen
und sind froh, wenn wir uns
mit verschwommener Sicht noch erkennen,
Von der Straße in den Club
und wieder zurück auf die Straße,
trinken uns gegenseitig schön
bis wirklich jedes Hasenkostüm
plötzlich unfassbar attraktiv wirkt,
rauchen bis wir keine Kippen mehr gegammelt kriegen.

Jeder liebt jeden und wir lieben Köln.

Irgendein Samstagmorgen,
wir schlendern über Flohmärkte.
Dann sitzen wir draußen bei Maria,
trinken Kaffee im immergleichen Café
und sind es nie satt,
spielen Karten und wärmen unsere Hände
an der einen Kerze auf dem Tisch.

Winzige Momentaufnahmen,
die aneinandergereiht diesen
unfassbaren Rausch auslösen.

Und irgendwann
da wachen wir wahrscheinlich alle
mit dem schlimmsten Kater unseres Lebens auf,
fragen uns was zur Hölle
wir hier eigentlich gemacht haben.
Aber bis dahin,
leben wir im Hier und Jetzt,
nur für den Moment.

Und wir brechen unsere Herzen,
bis wir Angst haben zu lieben
und tun es trotzdem immer und immer wieder.
Sind süchtig nach der Illusion und nach Nähe.

Wir leben von und für Wein und Musik.
Für die Ekstase,
wenn der Bass durch unseren Körper pumpt.
Für Adrenalinkicks und ausgetanzte Füße.
Unser Leben ist purer Bass
und Dopamin in unseren Adern
ein niemals endendes Konzert.

Und wenn du kurz innehältst
und in den Lärm horchst,
dann kannst du es hören.
Dieses energische Rauschen in der Ferne.
Alles was sich um uns dreht ist wild und laut,
pures Chaos begleitet von Lärm.

Wir sind das Auge des Tornados.

Dear best friend

one day
it will all be worth it
one day
it will all make sense

until then
life will happen
and it will make us laugh
and it will make us cry
and sometimes both at the same time

but it will turn out just fine
I promise

The Queens Gambit

She fools around the living room
stripes down her clothes
dances around
turns the music on and louder
and she might smoke too much
and it might be too early to drink too much.

Look at her
she is out of control
but oh –
look how much she is her own.

untitled

I got
so busy
being happy,
I had no time left
to be upset.

untitled

people
step into your life
by mistake
and then
suddenly
just somehow
stay there.

Geschwisterliebe

Zwischen Hass und Liebe,
führen wir täglich neue Kriege,
verpassen uns täglich neue Hiebe
und teilen am Ende alle Siege.

Glückstrunken

Weintrunken,
in Gedanken versunken,
unsere Seelen in Tiefsinn tunkend,
lese ich dir aus deinen Gedanken vor.

Schrebergarten

Der Sommerhimmel über uns
schon lange schwarz,
laute Musik schwirrt
durch die kalte Nachtluft
und überall singen und tanzen
glücklich lachende Menschen
im schwachen Schein der Lichterketten
durch den Garten.

Über das Lagerfeuer hinweg,
starr ich dich an,
unsere Augen treffen sich
nur eine Sekunde zu lang
und damit fängt alles wieder von vorne an.

Eine Feder im Sommerwind

Wasser schwappt mit ruhigem Gemüt
vor meinen Füßen,
die letzten Sonnenstrahlen neigen sich
liebevoll der Wasseroberfläche entgegen
und der Himmel beginnt sich
mit einem sanften hauch rosa
langsam abzudunkeln.
Libellen schwirren über den See
und Mücken um unsere Knöchel.

Die meisten sind schon lange gegangen,
schon längst wieder
im Rausch der Großstadt gefangen,
doch wir zwei sitzen noch immer hier,
trinken letzte Schlucke
von mittlerweile warmen Bier
und starren aufs Wasser hinaus,
wollen doch noch nicht nach Haus.
Wir schauen Entenpärchen beim Streiten zu
und ich dir ab und zu beim Steine flitschen.

Du redest und ich höre dir zu,
dein Blick noch immer geradeaus gerichtet,
nur meiner liegt nun auf dir.
Das Kinn auf den Ellenbogen gestützt,
den Kopf leicht schief gelegt
mustere ich neugierig dein Gesicht.

Mein Blick wandert über Lachfältchen und Grübchen,
über jede einzelne Pore deiner Haut,
über fast durchsichtig blonde Bartstöppelchen.

Du hast diese unvergleichlich pure Freude,
wie ein Kleinkind dem man noch nicht gesagt hat,
dass der Weihnachtsmann unter seinem Bart
wie Onkel Peter riecht.
Und diese Freude ist ansteckend,
bei dir vergesse ich für einen Moment
alle Sorgen der Welt.
Mein Blick wandert immer weiter
und bleibt doch ständig wieder bei dir hängen.

Du bist anders,
Irgendwie leichter,
wie eine Feder im Sommerwind.

Weil du mich scheinbar magst
ohne mich haben
oder mir nahe kommen zu müssen,
um mich zu berühren
brauchst du mich gar nicht küssen.

Deine blauen Augen
liegen nur aus der Ferne auf mir.
Und wenn mal doch nicht,
dann streichen deine Finger leise
im Vorbeigehen meinen Atem,
bringen meine Haut nur kurz zum Stocken,
bevor der Blick auch schon vorbei ist.

Du gibst mir das Gefühl quasi alles ist okay,
und wenn nicht jetzt
dann vielleicht morgen.

Der Stoff deines T-Shirts flattert im Wind
und streicht an meinem Arm,
flüchtig spüre ich die Wärme darunter
auf meiner Haut.
Du bist noch immer am Reden
und ich versuche dir zuzuhören
aber ich kann und will nicht anders
als mich fragen wie du schmeckst.
Und doch könnte ich dir wohl niemals sagen
was ich meine,
Niemals wagen diesen Gleitflug
in irgendeine Richtung zu lenken
und dich in der Last von Gefühlen zu tränken.

Und bis wir uns mal trauen,
bezüglich uns
in irgendeine bestimmte Richtung zu schauen
bleibt die Frage wohl offen im Raum,
ein stiller heimlicher Traum.

Denn ich glaube ich bin hier ein blinder Passagier,
heimlich genieße ich jeden Augenblick mit dir,
mache einen kurzen Abstecher in den Urlaub,
obwohl du gar nicht merkst,
dass ich an Board bin.

Doch das ist in Ordnung,
denn du hast mal gesagt,
Im Urlaub, da hat man Zeit.
Ich meine wir sind beide mal hier und mal dort,
doch den ganzen Sommer lang
nur selten am gleichen Ort.
Trotzdem haben wir heute,
jetzt und hier,
nur du und ich.

Also sitz ich hier,
in kühler Abendluft neben dir,
in der einen Hand ein Bier
und genieße einfach wie du sanft,
wie eine Feder im Sommerwind,
durch mein Leben streichst
und hoffe du hast recht -
wir haben Zeit.

when we were just kids

years later
you told me
when we were just kids
I really wanted you to be my first kiss

and I smiled
and told you
you know
it's a first
with every new person
all over again

that's the beautiful part

worthy

and when
the only self-reflection
I confronted myself with left
was the smile in your eyes
and the loving lust on your lips
I finally considered myself
something similar to beautiful
and maybe even worthy
worthy of love
worthy of you

birthmarks & soft spots

I've got soft spots
like birthmarks
tiny little sparks
like gods remarks
all over me

I've got a birthmark on the back of my foot
and a soft spot for long walks
I've got a birthmark on my index finger
and a soft spot for written words
one on my right calve
and one for good movies
one on my cheek
and one for music
one on my shoulder
and one for shoulders to cry on
one on my lower back
and one for hands around my waist
one right next to my belly button
and one for good food
one on my rips
and one for art
one on my neck
and one for the sound of your voice

Untitled

Meine Augen
treffen deine –
mein Lächeln,
malt sich von alleine.

freckles

look at your shoulders
and the hundreds of freckles covering them
adorning their heavy weight
embodying the opposite

longing

All I want
is to finally grow in love
instead of falling in it

All I need
is someone I can lie at 4am
on the kitchen floor with
eating pizza
listening to never dying music
from long time dead musicians
spinning on vinyl

linda maria brenke

EROS

Eros war der griechische Gott der Liebe,
der leidenschaftlichen
und körperlichen Begierde.

Ohne Vorwarnung wählt er seine Ziele aus
und geht rücksichtslos auf ihre Herzen los,
löst dabei Verwirrung und unbändige Gefühle aus.
Eros wird in der griechischen Mythologie
am häufigsten als unbeschwert und schön
dargestellt,
mit Blumen gekrönt.
Man glaubte, dass die Pfeile des Eros,
oft willkürlich gerichtet,
Menschen, Helden und Götter dazu brachten,
sich zu verlieben –

niemand war dagegen immun.

Das Kapitel Eros spiegelt jegliche Empfindungen
in Zusammenhang mit Liebe und Leidenschaft
wieder.
Vom ersten Mitreißen über absolutes verliebt sein
bis hin zum gebrochenen Herzen und zurück.

linda maria brenke

du.
oh, du –

Ich kriege dich
einfach nicht
aus meinem Kopf

An die Liebe (meines Lebens)

Du bist
die Liebe meines Lebens.
Ich weiß nicht wer du bist
oder wie du aussiehst,
nicht wie deine Stimme klingt
oder wie du lachst,
nicht wie du riechst
oder wie du schmeckst -
aber in meinem Kopf,
da gibt es tausend Versionen von dir.

Manchmal,
bist du Schauspieler,
hast Haselnusshaare und dunkle Augen,
lebst in Rom oder Paris
und für Kaffee und Zigaretten in Sonnenuntergängen.

Manchmal,
bist du ein junger Student,
in deinen Augen spiegeln sich Ozeane,
du lebst in einer WG
und zwischen den Seiten etlicher Bücher.

Und manchmal,
bist du Künstler und Poet,
hast Chaos im Kopf und Gefühl in den Fingerspitzen,
lebst überall und nirgendwo
und oft auch in deiner eigenen Welt.

Ich weiß nicht wer du bist
oder wie du aussiehst,
nicht wie deine Stimme klingt
oder wie du lachst,
nicht wie du riechst
oder wie du schmeckst -
aber in meinem Kopf,
da gibt es tausend Versionen von dir.

Manchmal,
sind wir ein langweilig, normales Ehepaar,
mit Reihenhaus und Hund.
Fester Job und enger Freundeskreis,
Sonntagsbrunch und Geburtstage,
Grillabende im Sommer und Kino im Winter.

Und manchmal,
sind wir Reisende,
auf der Suche nach dem Sinn des Lebens
sind wir durch die ganze Welt gereist.
Nachts durch tausend Straßen gefahren,
ich auf dem Rücksitz deiner Vespa
und meine Haare im Wind,
roch die Nachtluft fremder Länder
und verband sie später mit dir.

Ich weiß nicht wer du bist
oder wie du aussiehst,
nicht wie deine Stimme klingt
oder wie du lachst,
nicht wie du riechst
oder wie du schmeckst,
aber ich weiß du bist irgendwo hier draußen.

Und deswegen suche ich dich,
in jedem fremden Gesicht und jedem Paar Beine,
dass meinen Weg kreuzt.
Ich weiß irgendwann, irgendwo
werde ich dein Gesicht
in einer Menschenmenge erkennen
und ich kann es kaum erwarten zu erfahren,
wer du bist.

Eindrücke eindrücken

Ein erster Eindruck
Und gleich darauf noch einer,
jeder weitere wieder ein erster
aus einer diesmal zweiten Perspektive.
Ich sammele Drucke meiner Eindrücke
solange bis sich all die ersten Eindrücke
fest in mich hineindrücken.

Dann legen sich Schablonen
über und ineinander
bis die Überlagerungen
meiner Impressionen
ein festgestanztes Bild ergeben.

Mit jedem neuen Kleidungsstück,
dass ich noch nicht an dir gesehen habe,
jedem neuen Wort,
dass ich noch nicht aus deinem Mund gehört habe
und jedem neuen Blick
der noch nicht mir gegolten hat –

werden die Ecken und Kanten,
die Kurven und Linien deines Seins
ein bisschen deutlicher für mich.

Und von dir
haben sich so viele Eindrücke
in mich hineingedrückt,
dich kriege ich nie wieder raus.

Flash mich

Du bist
wie ein Blitz in mich eingeschlagen,
verdrehst mir den Magen,
stellst mir geradeaus intime Fragen
und ich wills sogar sagen,
doch rede mich bei dir um Kopf und Kragen.

Du bist
neu und unbekannt,
irgendwie auch ziemlich charmant,
habe mich in deinen Worten verrannt,
darin was Echtes erkannt
und mich an deiner Aura verbrannt.

Du bist
das Gefühl von Abenteuer,
bei dir spiele ich mit dem Feuer.

Du verdrehst mir den Kopf

Du verdrehst mir den Kopf,
ich meine das ist ja auch kein Wunder,
der sitzt auch wirklich wackelig auf meinen Schultern.
Meine Wirbel sind nur eine lose Aneinanderreihung,
nichts an mir wirklich fest
und jeder Stupser gibt mir gleich den Rest.
Ich im Allgemeinen eher unsicher.

Du verdrehst mir den Kopf,
aber das ist bei mir auch nicht allzu schwer.
Jede Berührung von außen
bedeutet Bewegung in mir.
Mein Knochenskelet ist eine stetige Reflexion,
dessen was andere mir entgegenbringen,
eine stetige Reflexion dessen
in welche Richtungen sie mich zwingen,
eine stetige Reflexion dessen
wie ihre Worte in meiner Schädelwand klingen.

Doch du verdrehst mir den Kopf auch,
wenn du ihn fest zwischen deinen Händen hälst.
Die Berührung viel zu leicht
um mich in irgendeine Richtung zu drängen.
Du siehst mich einfach nur an.
Dein Blick wartend auf eine Bewegung von mir.

Und vielleicht - nur ganz vielleicht,
verdrehst du mir ja gar nicht den Kopf,
denn vielleicht - nur ganz vielleicht,
verdrehe ich ihn mir ja für dich.

untitled

Vor drei Stunden
hast du mich quer durch den Raum
verschmitzt angelacht
und jetzt ist es mal wieder mitten in der Nacht.
Du und ich um 4 Uhr nachts
auf irgendeiner Parkbank,
über uns sternenklarer Himmel und der Mond.

Ich weiß nicht wie wir hier gelandet sind,
aber ich weiß ich will hier nie wieder weg.
Mein Gesicht in deinen Händen,
mein Verstand längst ertrunken in deinen Augen,
hänge ich an deinen Lippen.

Was denkst du gerade?

Das Eis längst aufgetaut,
die Spannung langsam aufgebaut,
hast du für nur eine Sekunde weggeschaut
und ich mich ganz kurz getraut
auf deinem Gesicht zu verharren,
dich heimlich anzustarren.

Dann hast du hochgeblickt,
mein Herz hat wie wild gekickt
unsere Augen treffen sich für einem Moment
bis deine Stimme die Stille durchtrennt,
fragst mich verschmitzt und ungehemmt

was denkst du gerade?

untitled

Nackte Menschen sind schön,
oder zu mindestens du.
Murmelst du verträumt,
während deine ruhigen Augen
langsam über meinen Körper tänzeln.

Kommst du mit?

Kommst du noch kurz mit zu mir?
Fragst du mich
im warmen Schein einer Straßenlaterne
während sich deine Hände
unter meiner Jeansjacke
um meine Taille schlingen,
gerade so lange,
dass ich sie dort vermisse,
wenn du sie sofort wieder wegziehst,
damit es niemandem auffällt.

Und dann sind wir plötzlich beide weg,
ganz unauffällig
zur gleichen Zeit
in die gleiche Richtung,
obwohl *Zuhause*
doch ganz woanders liegt.

Im bunten Licht der wechselnden Ampeln
schau ich dir grinsend dabei zu
wie du Schlangenlinien fährst
und nur haarscharf mit Lenker und Pedale
die Wagentüren der geparkten Autos verfehlst.

Und dann lassen wir uns
beide aufs Bett fallen,
endlich kurz alles still
keine Bewegung, kein Geräusch.

Ich beuge mich über dich
und muss lachen
während ich dein Gesicht
in meine Hände nehme
und wir uns küssen,
denn deine Wangen sind so rot
wie das Etikett der Bierflasche
die dafür verantwortlich ist.

Achterbahn

Inmitten des Gewimmel
unter pechschwarzem Himmel,
liegt mein Gesicht in deiner Hand
bin dir mit allen Sinnen zugewandt
und dann sagt dein Mund *du liebst mich*,
meine Ohren glauben dir nicht,
doch deine Augen versprechen es ist wahr.
Dann wird es auch meinem Bauch klar
und dann fährt alles in mir Achterbahn.

untitled

and every time I say
I love you
my heart goes wild
because it knows

Kopfkino

Große Leinwand, Dämmerlicht
schockverliebt in ein fremdes Gesicht.
Wie ich hier liege,
mit jeder Szene meine Sehnsüchte verschiebe,
schockverliebt in eine fremde Liebe
und später Tag für Tag
endlose Schmach
und die Frage danach
wie sich das wohl anfühlen mag.

Große Leinwand, Dämmerlicht
doch diesmal sehnt es mich nicht,
bin längst schockverliebt in dein Gesicht.
Wie ich hier liege,
mit jeder Szene Sehnsucht nach dir kriege,
längst schockverliebt in unsere Liebe
Kuss für Kuss auf der großen Wand
mir endlich selbst nur allzu bekannt
so erinnert jedes Bild an Berührungen deiner Hand.

Oase

Die Gesichter ganz dicht beieinander
in unserer behüteten Blase,
da runzelst du zärtlich die Stirn
und ich die Nase,
dann, für einen Sekundenbruchteil,
spüre ich in deinen Augen die Ekstase.

untitled

Ich sehe es schon
bevor du es über die Lippen bringst,
selbst noch mit den Worten ringst.
Der Ausdruck in sich noch fragend,
doch nach außen schon so viel sagend.

Wie du meine Gedanken liest,
dabei deine Augenbrauen zusammenziehst
und mit wieviel Gefühl du mich dabei ansiehst.

untitled

never
would I have ever
allowed myself
to dream
about a man
like you.

Himmelbett

Liegen deine Lippen auf meinen
fangen Wattewolken an zu weinen.

Entzückt von dem Geschehen,
sie haben nie etwas Sanfteres gesehen.

In meinem Kopf wird unser kleines Duett
zu der Notion eines Himmelbetts,
in dessen sanften Laken sind wir komplett.

Unsere Lippen lösen sich,
unsere Gesichter noch ganz dicht,
blicken wir uns ins Gesicht
und ich murmele leise
Himmelbett.

In Sekunden harmonischer Stille
versprechen wir uns mit rosa-roter Brille,
sollten wir jemals zusammenziehen
kaufen wir uns ein *Himmelbett.*

untitled

and then
somehow
you came along
and made
commitment
not so scary
after all

we were magic

they say
what is magic
is and cannot be real
and I think I get it now
I guess
we never even had a chance
we could never be real
cause you and me
we were magic

my almost

you will always be
my almost
my what would have been if
if only we kissed a little longer
held on to each other a little tighter
moved a little slower
spoke our words a little wiser
with more truth in our voices
with more words in general

you were my almost happy
my almost in love
but already falling

90 cm

Wir waren so glücklich,
das sagen so viele anhand dessen was sie sahen
und oh wie recht sie damit haben,
wie glücklich wir doch waren.
Doch ganz anders als sie uns kannten,
denn das was wir *uns* nannten,
das waren keine großen Momente
uns gab es in tausend lichtlosen Nächten
auf den kleinen 90 cm meiner Matratze.

90 cm sind nicht viel
das weiß ich selbst
und jetzt nur umso besser,
doch für uns reichen sie mir immer noch.

Haut an Haut,
Fingerspitzen und Handflächen
überall wohin ich denken kann.
Lippen verschmelzen,
als würde man in Sonnenstrahlen getunkt
ganz sanft untergehen.

Berauschend, benebelnd
und doch war nichts so eindeutig wie wir.
In einem glasklaren Meer ertrank ich mit dir
und in diesem Meer da entfachten wir Flammen,
ein ganzes Feuerwerk an Gefühlen explodiert
und was bleibt, das sind wir.

linda maria brenke

Nur wir in meinen 90 Zentimetern
doch diese winzige Kleinigkeit
war unsere kleine Ewigkeit
in dieser doch so kurzen Zeit.

Zwischen wüstenwarmen Bettlaken
und dir und mir
da hatten wir unsere eigene kleine Welt.
Und endlos tief verliebt in diese Welt
taufte ich sie ganz still und heimlich
90 cm.

Und jetzt lieg ich hier -
ohne dich neben mir,
wirkt dieses Bett so leer
und 90 cm scheinen plötzlich
so unglaublich viel Platz für nur eine Person.

Mag daran liegen,
dass ich beschäftigt damit
unsere 90 cm zu vermissen,
deine Seite auf meiner Matratze
stets frei für dich halt.

untitled

Ich vermisse das Klirren,
wenn unsere Hände sich ineinander verirren,
unsere Ringe gegeneinanderprallen,
wir heimlich ineinander fallen.

Vergissmeinnicht

Du sagst du kannst das nicht
und noch während dein Mund sich verspricht
und mein kleiner Funken Zuversicht zerbricht,
haben wir uns Angesicht zu Angesicht,
mitten im Dämmerlicht,
ganz still und heimlich verloren.

Und dann wirkt dieses Menschenmeer
irgendwie ziemlich leer
und auf einmal wird mein Herz wieder schwer
und ich vermisse dich plötzlich so sehr.

Und ich bitte dich,
bitte Vergissmeinnicht.

& plötzlich ist jedes Lied über dich

Jetzt fragt Phillip sich ständig,
wie ein Mensch das ertragen soll
dich alle Tage zu sehen.
Udo sagt man, oh man
und ist dann wieder völlig fertig.
Und Henning sitzt schon wieder
barfuß am Klavier,
denn du und ich
wir waren mal wir.

Was wäre, wenn?

Ja, es stimmt schon,
du und ich,
das hätte auf Dauer
wahrscheinlich eher nicht funktioniert
und doch hätte ich es,
naja - gerne probiert.
Jetzt bleibst du ein ewiges
was wäre, wenn,
eine abgebrochene Chance auf Zweisamkeit,
vielleicht waren wir
einfach beide noch nicht bereit.
Hätten wahrscheinlich auch irgendwann
darunter gelitten
und später ein paarmal zu oft gestritten
oder überhaupt zu wenig miteinander geredet.

Denn deine Lippen auf meinen
das klappt immer gut,
aber einfach mal reden
kostet manchmal sogar mehr Mut.
Was das mit uns überhaupt ist,
ist keinem von uns bekannt,
deswegen steht und schweigt
zwischen uns der Stillstand.

Und dieser Stillstand fängt an
mich in komische Richtungen zu lenken,
ich fange an mir schillernd bunte
Fantasieszenarien auszudenken.

Was wäre, wenn,
du – wie schon der letzte vor dir -
anfängst Drogen zu nehmen
und aufhörst was mit mir zu unternehmen,
anstatt mir hin und wieder mal zu schreiben
dir angewöhnst immer länger draußen zu bleiben.
Dich im Allgemeinen einfach distanzierst,
Stück für Stück zu einem Fremden wirst.

Denn ich,
ich hänge bei jedem Wort an deinen Lippen
und du stets nur an deinen Kippen.
Hab das doch alles schonmal mitgemacht,
die ganze Show hindurch
schon einmal mitgelacht,
obwohl Ichs um ehrlich zu sein
nicht ganz so lustig fand.
Um am Ende wären wir dann wieder hier -
beim altbekannten Stillstand.

Und was, ja was wäre, wenn nicht,
was wenn du wirklich der eine bist.

Der eine für immer,
hey - das wäre doch mal ein Hoffnungsschimmer.
Dann gib mir jetzt mehr als nur das,
was man über dich wissen muss,
erzähl mir von allem –
angefangen bei deinem ersten Kuss.
Was versteckst du nachts unter deinem Kissen?
Ich meins ernst

ich wirklich alles über dich wissen.
Von der perfekten Fassade bis hin zu allen Rissen.

Aber was wäre, wenn,
wir einfach wirklich nicht zusammenpassen,
das Ganze von Anfang besser lassen.
Mein Typ bist du sowieso eher nicht,
hast zwar ein wirklich schönes Gesicht
aber eigentlich steh ich doch mehr
auf zwei, drei Jahre ältere,
seelisch ein bisschen Gequältere.
Du bist viel zu glücklich für mich
und ich wohl ein Stückchen zu kaputt für dich.

Ich meine will ich das überhaupt wirklich,
oder will ich das nur gerade?
Ist nicht das hier die ganz große Frage?

Und wer weiß schon,
ob zwischen uns überhaupt noch irgendwas passiert
–
oder halt nicht,
ich meine vielleicht werden wir zwei
nie mehr als dieses Gedicht.

Aber was wäre, wenn,
Was wäre, wenn ich mich
einfach noch ein bisschen
in deinen Augen verliere
und mit dir die ein oder andere Minute gefriere.

Denn der Geruch deines Parfums
liegt noch in der Luft,
und verdammt ich liebe diesen Duft,
er verdreht mir die Sinne,
bis ich endgültig denke das ich spinne.
Alles in mir dreht sich
und ich dreh mich um dich.

Wir könnten in mehr
oder weniger guter Musik versinken
und zwei, drei Gläser Weißwein trinken.
Du trocken
ich lieblich,
keiner von uns sagt *ich lieb dich*
dafür sind wir viel zu unterschiedlich.

Und das ist in Ordnung für den Moment,
denn solange man uns im Tageslicht
bloß nicht erkennt,
reden wir im Schutze der Nacht
endlich ungehemmt.

Angeschwippt
einander angetippt;
Hey du da -
ich mag dich und dein Lachen,
so könnten wir von mir aus immer weitermachen.

untitled

Ich schlitter
von Erinnerungssplitter zu Splitter
und alles was bleibt,
nach all der Zeit
ist ein Haufen Verwirrung und Herzklopfen.

A

Für jede unserer Stunden,
habe ich die Worte gebunden
und in Gefühle getränkt
dir eins meiner Worte geschenkt.

Ein Wort für jeden Moment
in dem sich unsere Augen trafen,
und meine kleine Welt über den Haufen warfen.
Eins für jeden Kuss
den du auf meine Lippen gehaucht hast,
eins für jede Kippe die du neben mir geraucht hast.
Eins für jeden deiner Ringe,
und die tausend anderen kleinen Dinge.
Ein Wort für jedes Glas Wein,
eins ganz einfach fürs du sein.

Habe Seite um Seite mit Worten gefüllt,
jede einzelne in unsere Erinnerungen gehüllt,
jede Hoffnung,
jeden Schlussstrich,
doch vergessen kann ich dich nicht.

Also schreibe ich wieder und wieder
all meine Gedanken nieder,
wieder und wieder noch ein Gedicht,
doch genug Worte gibt es scheinbar nicht.

distant

You hug me tight
and ask me whether I'm alright,
you say you miss me
while you kiss me.

I know it's not what you want to hear –
but I'm right here
our eyes deep blue,
we both know it's not true,
cause I'm everywhere but here with you.

untitled

So viele
verliebte Blicke,
die irgendwo
in den Bettlaken zwischen uns
verloren gegangen sind.

untitled

not knowing
how you feel
about me
makes me forget
how to breathe

zwischen fremden Lippen

Du küsst mich
als bräuchtest du meinen Atem
um selbst nicht zu ersticken
und für einen Moment,
saugst du alles Leben in dir auf.

Und ich weiß,
morgen sind es die Lippen einer anderen
die dich über Wasser halten,
doch das ist in Ordnung.

Denn am Ende jedes Tages,
sind wir eben alle nur Menschen.
Menschen die im Schatten der Nacht,
zwischen den Lippen eines Fremden
nach ein wenig Leben suchen.

Blütenstrauß

Du lässt Blumen
in meinen Lungenflügeln wachsen
und reißt sie dann alle wieder heraus,
gibst mir zärtlich lächelnd
den bunten Blütenstrauß.

untitled

Ich suche dich zwischen fremden Lippen,
doch die schmecken nicht nach den gleichen Kippen.
Am liebsten würde ich dich einfach antippen
und dir sagen;
die pulsieren anders unter ihren Rippen.

linda maria brenke

EREBOS

Entstanden aus der lichtlosen Dunkelheit
der Tiefe des Chaos,
bedeutet Erebos soviel wie "dunkel"
und gilt als Gott und Personifikation der
Finsternis,
wie Tartaros wurde er als Teil der Unterwelt
betrachtet.

Erebos ist auch dafür bekannt,
das schwarze Gebiet
zwischen Erde und Hades zu beherrschen,
das alle Verstorbenen nach dem Tod durchqueren
müssen.

Er gilt als so mächtig,
dass ein Mensch nicht in der Lage ist,
ihn zu verstehen.
Da sich Erebos in der Finsternis bewegt,
weiß man nur wenig über ihn,
und seine Stärke und Macht
bleiben ein Mysterium der Mythologie.

Aus den gebrochenen Herzen des Eros heraus
bedeutet Erebos für mich Gefühlsdurcheinander
und Verwirrung, ein Zustand in dem man sich
selbst nicht immer versteht.

linda maria brenke

Manchmal
stecke ich in meinem Kopf fest,
dann baue mir dort ein gemütliches Nest
und ziehe für ein paar Stunden nach Nordwest.

Präpositionschaos

Du da,
ich dort und hier
und hier und dort,
drunter und drüber
und drüber und drunter.
Irgendwo dazwischen.
Selten aus der Reihe getanzt,
aber oft ein bisschen neben der Spur,
manchmal mittendrin.

Du da,
aber nie hier
bei mir.

someone

I guess sometimes
it's not about
a certain someone

sometimes
it's just about
that friday night feeling
when everybody is out
and you're home alone,
about midnight thoughts
you can't tell anybody
and sunday mornings
you share with yourself only

sometimes
it's about the wish to do something
and the weakness to do it alone

it's not always about
the love of a lifetime
sometimes all it is about
is someone for the moment

Ich frage mich -

Ich frage mich,
wieviel von dir eigentlich Fassade ist
und wer du dahinter wirklich bist.
Deine Worte und Taten widersprechen sich
und ich weiß nicht genau,
was davon ich glauben soll.
Bist du wirklich so gefühlskalt
wie du vorgibst zu sein
oder trügt der Schein?

Also liege ich hier auf der Lauer
wartend auf Risse in deiner Mauer.
Da ist dieses Mysteriöse
in deiner Art und Weise
manchmal bist du furchtbar laut
und dann plötzlich ganz leise.
Deine Fassade passt wie eine zweite Haut,
und ich frage mich –
habe ich mich vielleicht verschaut?
Bist das vielleicht wirklich du?
Ich verwechsele dein Gesicht,
immer und immer wieder mit meiner Sicht.
Zeig mir wer du wirklich bist.

untitled

An manchen Tagen
fangen meine Gedanken an
sich miteinander rumzuschlagen.
In meinem Kopf plötzlich tausend Fragen
und ich möchte es eigentlich nicht wagen,
traue mich kaum etwas zu sagen,
denn es hat ja jeder
so sein Päckchen zu tragen.
Und man will sich ja gar nicht beklagen,
also lass ich es weiterhin an mir nagen.

untitled

Mein kleiner Bruder klopft,
steckt den Kopf durch die Tür.

Ich nicke
als er mit Tränen in den Augen sagt
es waren immer die anderen,
immer deren Eltern,
niemals unsere.

nur mal kurz pusten

Ich klebe dir ein Pflaster,
auf all deine Laster,
eins mitten aufs Herz,
gegen all deinen Schmerz.

bisschen verloren

Wasser fließt,
Meine Sehnsucht sprießt,
Verstand flieht,
Herz zieht.

War lange nicht mehr wach,
in mir alles brach,
irgendein Morgen danach.
Vielleicht auch einer davor,
als ich den Überblick verlor,
über Zeit und Raum,
selbst Erdanziehungskraft verstehe ich kaum;
denn so schwer wie ich mich fühle,
so schwer kann ich gar nicht sein,
so schwer wie ich mich fühle,
soweit sinkt meine Matratze gar nicht ein.

Reden ohne Sprechen

Woche für Woche sitze ich hier,
beide Ellbogen auf die Holzlehne gelegt,
Beine sorgfältig übereinandergeschlagen,
mein Blick schweift in die Ferne.

Dann schauen mich
ruhige, braune Augen erwartungsvoll an
Wie geht es dir?
Die Frage klang
schon immer einfacher als sie ist,
ich überlege und stelle sie mir selbst erneut,
starre durch ein Bücherregal an der Wand hindurch
und lasse die Woche Revue passieren.

Dann nehmen die nächsten
55 Minuten ihren Lauf
und ich fange an zu reden,
erzähle von tausend Kleinigkeiten
und allem was um mich herum passiert.

Von der Freundin die sich endlich getrennt hat,
von dem Freund der unglücklich verliebt ist
und dem einen den niemand leiden kann.
Büchern und Filmen,
guten und schlechten Noten.
Vom letzten Wochenende und den Plänen fürs nächste.

Ihr Stift wandert über das Papier,
schreibt alles auf was sie für wichtig hält
und ich schätze das ist nicht gerade viel –
eben genauso viel wie ich Wichtiges erzähle.
So geht das Woche für Woche,
ich präsentiere mich so gut ich eben kann,
improvisiere Vorträge über mich selbst aus dem stehgreif.

linda maria brenke

Die Diagnose am Ende des Tages?
Ich sollte mehr reden.

Denn obwohl ich scheinbar so viel rede,
tausend Anekdoten erzähle,
Stunde für Stunde
die Minuten mit Worten fülle
sage ich im Grunde doch nichts.
Meine Worte sind nur
Schall und Rauch,
sie verlieren sich schon
in den zwei, drei Meter bis zu ihr
in der Luft.
Ein furchtbar schlechtes Ablenkungsmanöver
um zu verbergen
was ich selbst nicht wirklich weiß.

Also rede ich halt,
aber sage doch nichts.

somewhere in between

I saw the sad in you
and wanted you to be sad with me
you saw the happy in me
and wanted me to be happy with you
so we ended up being someone we never were
for a person that never really was
who we wanted them to be

lost somewhere inbetween

.

Stillstand

Wir versuchen ständig uns zu verändern,
versuchen bei jeder Gelegenheit
jemand zu sein,
der wir eigentlich nicht sind
und eigentlich auch nicht sein wollen.

Unsere Maßstäbe sind unerreichbar
und trotzdem tun wir alles um sie zu erlangen.
Wir wollen uns stetig weiterentwickeln,
dem Leben einen Schritt voraus sein
und der ganzen Welt etwas beweisen.

Doch in dem ewigen Wettrennen
merken wir gar nicht,
dass wir schon am Startschuss gestolpert sind.

Wir machen keine Fortschritte,
wir suchen uns selbst in fremden Gesichtern,
aber finden uns nie,
weil wir nie in den Spiegel gucken.

Ich will tanzen, lass mich tanzen

Stunde um Stunde vergeht,
habe viel zu lang den Stift schon
zwischen den Fingern gedreht,
jede Idee solange überdacht
bis sie ganz plötzlich vergeht,
doch meine Schreibblockade, tja die besteht.

Ach man,
ich weiß einfach nicht mehr,
meine Gedanken,
die sind so schwer
und mein Blatt Papier - das ist und bleibt leer.
Nur mein Kopf, der ist es nicht.
Denn ich habe doch so viele Fragen,
will doch eigentlich so viel sagen,
doch mein Kopf kann das alles nicht ertragen.
Er ist hängen geblieben
von zu vielen Gedanken in die Irre getrieben,
wie ein Computer mit zu vielen offenen Seiten
und meine Gedanken,
die fangen an sich zu streiten.
Es ist also nicht so,
als hätte ich keine Ideen
ich kann sie nur einfach nicht aufs Papier bringen,
kann sie nicht fassen,
weil sie sich nicht fassen lassen.

Meine Gedanken,
die tanzen.
Sie tanzen einen wilden Tango,
zackige Schritte in rascher Abfolge,
spitze Absätze auf meiner Schädelwand
verursachen Stechen in der Stirn.
Und ohne Pause fließen die Lieder ineinander
und dieser Tanz hört nie auf.
Und ich meine
Tanzen, das klingt doch eigentlich ganz schön,
wenn ich nur mittanzen dürfte.
Aber nein,
ich stehe hier alleine am Rand,
denn mich nimmt kein Gedanke an die Hand.
Sie tanzen ihre ganz eigene Choreografie
und mir will sie keiner beibringen.
Also tanzen sie durch jeden Raum meines Hirns
und lassen mich außen vor.

Stunde um Stunde vergeht,
habe mich viel zu lang schon hilflos
zwischen den Tangotänzern gedreht,
jeden Schritt solang nachgeahmt
bis der Rhythmus vergeht,
doch meine Planlosigkeit inmitten des Chaos, besteht.

Verdammt mir wird das alles hier zu viel,
meine Psyche ist schon lange
alles andere als stabil
und ich generell langsam ziemlich fragil.

linda maria brenke

Die Wände kommen langsam näher,
mir fällt die Decke auf den Kopf,
vier Wände sind zu wenig
und ich bin mir selbst viel zu viel.

Ich glaube ich muss hier raus.
Ich muss hier raus,
ich muss da raus,
da raus in die Gassen,
zwischen fremde Menschenmassen.
Brauche das Flüstern der Stadt,
damit die Stimme in meinem Kopf
endlich mal übertönt wird.
Aber wo soll ich denn hin?
Wer nimmt mich denn auf?
Wer hält mich schon aus?
Bin für jedes Treffen zu haben,
aber scheinbar für kaum jemanden zu ertragen.

Ich würde jetzt gerne tanzen,
mal nicht meinen Gedanken hinterher,
sondern so ganz alleine
ohne Choreo und andere.
Ich würde jetzt gerne tanzen,
will mich einfach gleiten lassen,
von der Musik mal leiten lassen.
Dreh die Musik ganz laut auf,
dann nimmt der Rest schon seinen Lauf.
Brauche den Rausch des Nachtlebens,
oder überhaupt so ein Rausch im allgemeinen.

Wenn Alkohol und Bass durch meine Adern pumpt,
der ganze Rest der Welt endlich verstummt
und sich der Tango meiner Gedanken hinter
Nebelschleiern vermummt.
Dann soll der Moment für immer bleiben,
Mein Kopf für immer Schweigen
und die Stadt mich nie nach Hause treiben.
Lass mich meine Augen mal schließen,
kurz nur den Moment genießen.
Ich will tanzen.
Lass mich tanzen.
Lass mich bitte, bitte einfach tanzen.

Stunde um Stunde vergeht,
habe mich selbst tausendmal
auf der Tanzfläche gedreht,
mal kein Liedtext überdacht
bis mir die Laune vergeht,
Und mein Glücksmoment,
der besteht.

Jetzt kann ich das,
ich meine einfach mal abschalten,
mich einfach mal ausschalten.
Hier hast du meine Kontrolle,
die kannst du auch ruhig behalten.
Hatte sie ja selbst
nie so wirklich,
aber heute Nacht
will ich sie ganz sicher nicht.

linda maria brenke

empty spaces

with every breakup
you lose a part of yourself,
it breaks away with the person.

Cause love needs space
and when love grows
the space it requires does too
so, we let go parts of ourselves
that we seem to find in the other person

and when love leaves
the space is left behind empty

untitled

Du willst frei sein,
doch weißt nicht einmal,
was das bedeuten soll.

linda maria brenke

Wunden, Pflaster & Klebereste

Mama und Papa haben immer gesagt
Pflaster muss man schnell abreißen,
komm wir zählen von drei runter.

Eine Ecke vorsichtig abgepiddelt
Und schonmal druntergespinkst,
angetestet ob die Wunde schon heil ist
und beim ersten Anblick schnell wieder zugeklappt –
hatte ich eigentlich vor
es noch eine Weile draufzulassen,
zu warten bis da eine Kruste wächst
die eine zweite, sichere Haut versteckt.

Drei, Zwei – Autsch!

Den Schutz mal wieder zu früh abgerissen,
habe ich jetzt beide Knie aufgeschlagen
und keine Chance noch ein Pflaster darüber zu tragen.
Denn das warme Pflaster
grenzenloser Geborgenheit
und dem Gefühl von Sicherheit
ist plötzlich ganz weit entfernt.
Starre auf meine nackte Knie,
wollte die Wunde dort eigentlich nie.

An der frischen Luft heilt alles sowieso viel schneller.

Aber wenn ich ganz ehrlich bin,
dann fängt die Wunde
mit jedem scharfen Windzug an zu brennen
und ich fange an Dreck in den Kleberesten zu erkennen.

about my parents

I was born
into the loving arms
of a fairytale
a love story written in the stars

(about my parents' part 2)

but
every fairytale has an end
and when life turned to the last page
they crucially collided
turned into shooting stars
and burned up
one last gleam
and a smoking train left behind

untitled

Und manchmal,
da ist die Pause zwischen den Liedern zu lang
dann fängt alles wieder von vorne an
dieser niemals endende Gedankengang.
Mein Kopf der rattert,
ich hasse diesen Klang

Und dann warte ich wieder,
auf den Sonnenaufgang.

Queens

when kings break down
and take off their crown
when kings must rest
it is the queen's chest
that they find comfort in

untitled

Längst mehr al seine Kleinigkeit,
Fragen und Gedanken machen sich breit,
Ahnungslosigkeit plötzlich unendlich weit.
Für die Antwort noch lange nicht bereit,
Stillschweigen aus Bequemlichkeit,
doch langsam wird es Zeit,
Konfrontation wird zur Notwendigkeit.
Sind wir noch eine Einheit
Oder nur noch Vergangenheit,
vermischt mit Abhängigkeit?

Lieben wir uns nur noch aus Gewohnheit?

Gefühlsbrocken

Wenn etwas bricht,
dann nie in gleich große Stücke.

Jetzt habe ich dieses Trümmerstück,
einen riesengroßen Brocken,
der liegt vor mir auf dem Tisch.
Wurde dort vor mich gelegt
und ich dann damit alleingelassen,
kann die Schwere dieses Brockens
noch gar nicht fassen.

Habe ihn gedreht und gewendet,
Stunden mit ihm verschwendet,
ihn von allen Seiten betrachtet,
ziemlich konzentriert
seine Oberfläche studiert.

Bin weniger kurios
und eher immernoch planlos,
wie kriege ich den klein?

Habe weder Werkzeug noch Waffen,
ohne kann man es eigentlich nicht schaffen –
was soll ich denn hier?
Alles was ich habe sind Stift und Papier.

Habe ihn mit Worten beschossen
und Tinte verschmiert,
ihm Gedanken entgegengeworfen
und mit Schlussstrichen verziert –
doch nichts hat funktioniert.

Ich gewöhne mich langsam,
an die Schwere seiner Nähe,
drückende Leere und angespannte Atmosphäre.

Statt stetiger Konfrontation
und finaler Destruktion,
kommt der Brocken wohl
in meine Trümmerteil Kollektion.

linda maria brenke

TARTAROS

Tartaros, entstanden aus Chaos,
gilt als ein personifizierter Teil der Unterwelt
Hades
und ist die tiefste Region der Unterwelt.

Der Tartaros ist angeblich so tief,
dass die Entfernung vom Himmel bis zur
Erdoberfläche,
der von der Erdoberfläche bis zum Tartaros
gleicht.
Tartaros ist der Strafort der Unterwelt,
die dortigen Toten erleiden ewig Qualen
und eine Flucht von dort ist unmöglich.

Nach der Überquerung des Totenflusses
wird über die Seelen der Verstorbenen geurteilt.
Fehlerhafte, aber heilbare Seelen
sollen im Tartaros lediglich gereinigt werden,
während Unheilbare für ewig verdammt seien.

Tartaros sind meine ganz persönlichen
Seelenqualen,
meine Tiefpunkte.

linda maria brenke

one tear
after another,
my inner child
cries for its mother.

I am ~~great~~
not really okay.

linda maria brenke

Wirrwarr

Von außen bin ich
ein großes Meer aus Leere
und in mir kommt sich alles in die Quere.

untitled

and here I am
again
sitting on the bathroom floor
wringing out heart and eyes

Schönheit liegt im Auge des Betrachters

Sie ist sechs Jahre alt,
sitzt auf dem Teppichboden in ihrem Kinderzimmer
und spielt mit Barbiepuppen.
Brünett, rothaarig und blond
werden in hübsche Kleider gezwängt,
um dem lieben Ken noch besser zu gefallen,
will doch jede die eine an seiner Seite sein.
Und wer wird es am Ende?
Na, Barbie selbst natürlich,
lange, blonde Haare und große, blaue Augen.
Barbie und Ken ziehen in das große Puppenhaus ein,
glücklich bis ans Ende jener Spielstunde.
„You can brush my hair
and undress me everywhere ",
trällert sie im Hintergrund annähernd den Text
von „Barbie girl" vor sich hin.
Noch so unschuldig singt sie mit, wenn es heißt
„Make me walk, make me talk,
do whatever you please.
I can act like a star, I can beg on my knees "
Keineswegs dessen bewusst,
was diese Worte bedeuten.

Sie ist acht Jahre alt,
kommt gerade in eine neue Klasse,
inmitten einer fremden Kindermasse
und merkt gar nicht,
wie sie sich völlig verändert.

Für Freunde,
die sie nach der Grundschule kaum wiedersehen wird.
Die Hosen werden enger,
die Nägel werden länger.
Wöchentlich die neue Bravo kaufen,
jedem Wochentrend begeistert hinterherlaufen.

Sie ist zehn Jahre alt,
für die letzten Wochen
noch immer in derselben Klasse.
Sie hat dort zwar Freunde gefunden,
doch das ändert nur wenig an der Tatsache,
dass die Jungs sie hämisch lachend
„Pickel face" nennen,
sie für die ersten Härchen
unter den Armen auslachen
und jede Chance
auf einen äußerlichen Makel ausnutzen.
Ausgelacht, ausgenutzt,
häufig auch mal ausgetauscht und dann ausgegrenzt,
ihr Leben wird unmerklich immer passiver.
Äußere Einflüsse und Meinungen werden,
genau wie Klamotten und deren Marken,
immer wichtiger.
Sie ist gerade einmal zehn Jahre alt,
fängt nun an sich zu rasieren,
Pickel zu kaschieren,
täglich Nägel neu zu lackieren –
ja, stetig Makel zu minimieren.

Sie ist zehn Jahre alt
Und fühlt sich zum ersten Mal
unwohl in ihrem eigenen Körper.

Sie ist zwölf Jahre alt
und steht unschlüssig zwischen DM-Regalen.
Zwischen Cremes für Tag und Nacht,
für Gesicht und Hände und Füße,
leichte Feuchtigkeitscreme
oder für extra trockene Haut,
noch SOS Anti-Pickel Stifte
oder schon Anti-Aging Serum,
zwischen Gesichtsmasken für trockene,
sensible oder Mischhaut,
mit Rosen-, Aloe Vera- oder Goldextrakten.
Zwischen Concealer und Foundation und Puder,
für die vier, fünf Glücklichen mit Hauttönen
wie Porzellan, Beige, Olive, Mokka und Schokolade
Zwischen Reinigungsgel, und Milch und Peeling
Zwischen Haarkur, und Spülung und Conditioner.
Zwischen täglicher Reizüberflutung,
Kann sie sich für die richtige Zahnpasta
leider nicht entscheiden.

Denn eigene Entscheidungen
sind stets zu meiden,
und Zweifel, die bleiben.

Es ist eine millionenschwere Unternehmensbranche,
die sich an ihren Zweifeln nährt,
Eine Branche die von heute auf morgen
in den Ruin stürzen würde,
wenn sie nur glauben würde,
sie wäre schön genug so wie sie ist.
Aber Schönheit liegt im Auge des Betrachters,
und von allen Plakaten, Werbevideos,
Verpackungen und Modemagazinen
blicken ihr die Augen
verschiedenster Betrachter entgegen
und machen ihr laut und deutlich klar,
dass sie so wie sie ist,
eben nicht genug ist.

Sie ist vierzehn Jahre alt
und sucht verzweifelt irgendwo nach Halt.
Merkt erst zu spät,
nach zu vielen offenbarenden Instagram Posts,
dass sie diesen im Netz nicht findet.
Sie findet dort nur die perfekten Körper anderer,
doch die Typen finden dort sie.
Eins merkt sie jedoch schneller,
auch wenn sie ihren Körper nicht mag,
scheinen Jungs das wohl anders zu sehen.
Also sehen sie immer mehr davon.

Wenn der Arzt ihr sagt
„Zieh dich bitte aus bis auf die Unterhose",
dann stört sie das nicht mehr,
denn ob es jetzt der Arzt ist
oder der Klassenschwarm eine Stufe über ihr,
macht am Ende des Tages
wohl kaum einen Unterschied.

Sie sieht in anderen stets viel mehr,
sieht Herz und Seele und Liebe und Laune.
Nur für die anderen,
ist sie kaum mehr als ein Körper mit lieblicher Haut.
Und so wütend auf diese Haut und darauf,
dass sie keiner wirklich sieht,
fängt sie an tiefe Furchen in diese zu ritzen.
Aus Wunden werden Narben,
die sie, wie Schmuck ihrer Vergangenheit,
täglich an sich trägt.

Sie ist sechszehn
und steht ihrem Spiegelbild
mal wieder kritisch gegenüber.
Sie sagt sich
Schönheit liegt im Auge des Betrachters,
und Betrachter gab es in den letzten Jahren
wohl so einige.
Andere sagen das auch,
"Aber hey dein Freund liebt dich
doch auch so wie du bist",

Doch tut dieser das dann plötzlich nicht mehr,
sind alle Betrachter dann weg,
starrt sie ihr Spiegelbild
nur voller Hass und Abneigung an.
Denn ihre Schönheit kann sie nur flüchtig reflektiert
in den gierigen Blicken Anderer sehen.
Ihr Bauch nie Flach genug,
ihren Kurven nie rund genug,
ihre Haut nie rein genug,
ihr Haar nie lang genug.
Und wäre ihr Bauch flach
und die richtigen Stellen rund
und ihre Haut rein
und ihre Haare endlich lang genug.
Dann würde das rein gar nichts ändern.
Denn sie ist doch nie genug.

Sie ist achtzehn Jahre alt
und sitzt auf einer Hausparty
auf dem Sofa in der Ecke, neben ihm.
Sie sind gute Freunde könnte man wohl so sagen,
er nimmt sie wie sie ist und andersherum.
Er findet ihre Augen schön
und sie versinkt nach ein paar Gläsern Wein
hin und wieder in seinen.
Manchmal ertappt sie sich dabei
wie sie ihn anstarrt.
Sie wählt das Wort schön weise,
sagt es selten und nennt niemanden leichtfertig so,
aber ihn, ja ihn findet sie schön.

Für jeden seiner Ecken und Kanten
findet sie eine Perspektive,
einen Blickwinkel aus dem sie schön aussehen,
nur sich selbst kann sie
nur aus dem einen Winkel vor dem Spiegel sehen.
Und auch er findet sich selbst nicht schön.
Er sagt,
Schönheit liegt im Auge des Betrachters.
Und sie findet das stimmt,
die Schönheit liegt in seinen Augen,
nur kann er sie nicht sehen.
Und es mag schon stimmen,
Schönheit liegt irgendwo im Augen des Betrachters,
in der Art wie wir uns ansehen.
Und sie fragt sich,
wann wir aufhören
anderen Idealen hinterher zu schmachten,
und wann wir anfangen uns selbst zu betrachten.

untitled

Ich habe innere Triebe
und den Wunsch nach Selbstliebe,
denn Selbstwert
macht auf dem Weg zu mir
ganz gerne mal kehrt.

linda maria brenke

Grenzenlos

Er dreht grünes Zeug in weißes Papier
und während der unverkennbare Geruch in die Luft
und der beißende Qualm in seine Lungen steigt,
teilt er es in kleinen Tütchen aus
und steckt die großen Scheine ein.

Morgende zwischen
leeren Wodkaflaschen
und vollen Aschenbechern,
stetig auf der Suche nach dem nächsten Kick.

Mit laut schallerndem Lachen
rennt er nachts von Paranoia getrieben
durch die Straßen dieser Stadt
und er lacht immer noch,
wenn er am nächsten Tag
von Filmrissen und Horrortrips
vergangener Nächte erzählt.

Er fährt sturzflugartig
dem Abgrund entgegen,
hat den Fuß längst schon
von der Bremse genommen.
Er fühlt sich freier denn je ohne zu merken,
dass ihm der Halt fehlt.
Denn er hat alle Grenzen überschritten,
seine eigenen einfach weggeschnitten,
ist all seine Grenzen nun los -
vollkommen grenzenlos.

linda maria brenke

Vorbei

Jetzt sitzen wir hier,
Meter liegen zwischen uns
doch die Distanz ist viel größer
als diese Meter.
Ungewohnt peinliche Stille liegt in der Luft,
wir hatten uns doch immer so viel zu sagen.

Wenn ich dir jetzt in die Augen schaue,
die in denen ich mich mal so gerne verloren habe,
rauschen tausend Erinnerungen an mir vorbei.

Von Lachkrämpfen und Seriennächten,
wildem Herumspringen und Tanzen,
engen Umkleidekabinen an heißen Sommertagen,
von Nächten in denen wir
jaulend durch die Straßen liefen,
während wir uns grinsend an den Händen hielten.
Einfach weil wir, wir waren,
weil wir frei waren.
Von ersten Treffen und Küssen
und wie fremd wir uns damals noch waren,
noch viel fremder als jetzt.
Denn jetzt kennen wir uns
Eigentlich besser als alle anderen
und sind uns trotzdem so fremd geworden.

Immer noch peinliche Stille,
keiner sagt ein Wort.

Doch dann fängst du an zu sprechen
und ich wünsche mir die Stille zurück.
Denn jedes Wort das deine Lippen formen
schneidet durch sämtliche Zellen meines Körper.
Du erzählst mir irgendwas davon,
dass du nicht weißt
ob das mit uns nochmal besser wird,
davon, dass du um ganz ehrlich zu sein
auch nicht mehr so fühlst wie früher
und davon, dass wir das
vielleicht irgendwann nochmal hinkriegen könnten.

Vorerst würdest du aber
einen Schlussstrich ziehen wollen.

Ich schlucke schwer,
nicke und konzentriere mich auf meinen Atem,
denn den Schlussstrich
hast du quer durch mein Herz gezogen
und er schnürt mir die Luft ab.

Irgendwann stehe ich auf und gehe,
wir murmeln uns ein *tschüss* entgegen
wollen uns den Schmerz beide nicht eingestehen, obwohl
er so eindeutig zwischen uns steht.

Jetzt ist es also aus mit uns.

in my head

the question in my head
keeps making me so mad
nights have been pretty rough
oh - why wasn't I good enough?

linda maria brenke

Eine willkürliche Liste meiner Ängste

Ich habe Angst vor Entscheidungen,
denn es könnte ja die falsche sein.
Ich habe Angst vor der Zahl auf der Waage
und davor, dass sie mich zu sehr beeinflusst.
Ich habe Angst aus Vernunft Dinge nicht zu machen,
die ich hätte tun sollen und andersherum.
Ich habe Angst mein Herz zu verschenken und auch, dass
ich das vielleicht zu schnell tue.
Ich habe Angst vorm Versagen
und davor nichts zu versuchen.
Ich habe Angst zu schnell erwachsen zu werden
und auch dass die Jugend an mir vorbeirauscht.
Ich habe Angst Erinnerungen zu verlieren
oder erst gar nicht genug zu schaffen.
Ich habe Angst nie glücklich zu werden
oder nicht zu merken, wenn ich es endlich bin.
Ich habe Angst den Sinn den Lebens nie zu finden
oder mit der Sinnlosigkeit nicht klarzukommen.
Ich habe Angst alleine zu sein,
obwohl ich das gut kann.
Ich habe Angst nie anzukommen
oder gar nicht erst weg
von da wo ich bin.

Vielleicht habe ich auch Angst davor
zu viel Angst zu haben.

when my parents split

The toughest breakup
I have ever been through
wasn't even mine
it was my parents,
because I had nothing to do with it
yet it changed everything for me.

untitled

and with every single step
that I take
I am trying hard
not to break
out in tears

linda maria brenke

untitled

oh
wie sehr ich wünschte
ich könnte dich hassen,
weil dann alles so schön einfach wäre.

linda maria brenke

linda maria brenke

NYX

Nyx ist die Göttin und Personifikation der Nacht
und der ursprünglichen Finsternis.

Selbst Zeus soll sich vor ihr fürchten,
jedoch verkörpert Nyx alles andere
als die Negativität die oftmals
mit Finsternis und Dunkelheit verbunden wird.

Einst hielt der Sonnengott Phanes um ihre Hand
an, da sie ihn aber niemals zu Gesicht bekommen
würde, lehnte sie ab und heiratete anstelle
dessen Erebos, die Finsternis.

Sie verkörpert angenehme Dunkelheit,
einen Rückzugsort an den man flüchten kann
und pure Energie.
Sie reist immer mit den Sternen.

Das Kapitel Nyx ist der krönende Abschluss und
eine Summe aller mit den vorherigen Kapiteln
verbundenen Emotionen.
Nach Momenten der Freiheit und Glückseligkeit,
nach Liebe und Leidenschaft, nach meinen
persönlichen Abgründen,
ist Nyx die Brücke zur Kunst, zum Tiefsinn.

linda maria brenke

linda maria brenke

Stürme

Ich fange an zu verstehen
wie wir uns ansehen,
uns umeinanderdrehen,
uns füreinander verdrehen,
uns Gefühle eingestehen –
uns anschauen wie Museen.

Ich fange an zu begreifen
wie wir immer wieder abschweifen,
suchend durch die Wälder streifen –
warum wir händeringend nacheinander greifen.

Ich fange an zu erkennen,
warum wir füreinander brennen,
uns ineinander verrennen,
uns in den Augen des anderen erkennen –

warum wir Stürme nach Menschen benennen.

about passion

from time to time
take a breath

remember your passions
and why they burn
rivers through your veins
crying to be heard
dying to run free

in love with my solitude

On some days
I fall in love
with my inner conflicts,
with my soul cracks.
I fall in love with my solitude
and all my broken words.

All the wounds that turned into art.

anne

Sieh dich an;
das Gewicht der Welt
auf deinen zarten Schultern
und wie schön du es stemmst.

untitled

Seine Seele
streckt sich über Meilen,
er haucht Poesie
in jede seiner Zeilen.

into the woods

If you feel
like you have
lost touch to life
like you have
lost track of your path

enjoy the view
of untouched paths
in the woods of life
try to rest for a second
breathe in untouched air
feel the unbridled wind
crawling through trees and your hair

and when the time is right
get back to the path of your life

deep talks

I'm a sucker for the ocean
and I get high on a profound potion,
cause I'm addicted to emotion.

Addicted to deep talks,
moments without mental balks
and long rainy walks.

Rather twelve than four
and after hours on the floor
I just keep wanting more.

We don't even have to try
when hours just go by
under the black night sky.

We pass the joint and thought
sharing what life has us taught.

Vulnerability and passion on repeat
knowing what makes life bittersweet,
but finally complete.

And I get fascinated
by the rhythm of your beat
talking about movies and music
want to hear your mind in acoustic –
I admit it's kind of therapeutic.

linda maria brenke

untitled

there is no right or wrong
not in healing nor in pain
not in breaking or trying to fix things
there is no universal truth
but one for every pair of eyes and every heartbeat
one for every perspective

Muse

Sie hat ihre Arme
weit über den Kopf gestreckt
und jede Faser ihres
so zerbrechlich schönen Körpers
tanzt im Rhythmus zur Musik.
Sie scheint dabei mehr sie selbst zu sein
als je zuvor.

Sie lässt sich vollkommen gehen
und ist dabei doch genau das,
vollkommen.

Seelenstriptease
- geschrieben als Poetry Slam -

In der einen Hand ein Bier,
sitzt ihr jetzt hier
auf euren Stühlen.
Ganz entspannt zurückgelehnt,
diesen Abend seit Tagen ersehnt.
Wartend darauf welche Show sich euch bietet
habt ihr eure hungrigen Augen
auf die Bühne gerichtet,
gierige Neugier darauf
was ich euch jetzt zu bieten habe.

Das Licht gedimmt,
damit die Atmosphäre bloß stimmt.
Stehe ich jetzt hier im Rampenlicht
und präsentiere euch mein Gedicht,
Angesicht zu Angesicht,
stelle ich mich eurem Gericht
und hoffe keins meiner Worte zerbricht,
wenn ich mich vor euch ausziehe.

Während meine Worte
durch den Raum hallen
Und dort hinten schon
an die Wände knallen
Lasse ich vor allen Augen
meine Hüllen fallen.

Wort für Wort
knöpfe ich mich auf,
Zeile für Zeile
zieh ich den Reißverschluss auf
Absatz für Absatz
zieh ich ein Kleidungsstück aus
bis ich Text für Text
plötzlich ganz nackt vor euch stehe.

Und was habe ich hier nicht schon alles erzählt,
so ziemlich alles was mich in langen Nächten quält
und ihr habt danach für die nächste Runde gewählt.

Habe von etlichen eigenen Erlebnissen gesprochen,
hab mir für euch mein Herz erneut gebrochen
und für die Kunst alte Wunden neu aufgestochen.
Hab meine Seele nach außen gestülpt,
sie als Haut getragen,
mich selbst überredet
mich damit auf die Bühne zu wagen
und euch meine eigene Wahrheit zu sagen.

Auf dem Silbertablett inszeniert
habe ich euch meine Seele serviert,
und habt ihr probiert?
von meinen innersten Treiben gekostet?
Seht wie ich das Tablett auf meinen Fingern balanciere
und euch für meine Innereien fasziniere.

Sagt schmeckt euch das Blut zwischen meinen Zeilen?
soll ich noch mehr meiner Gedanken mit euch teilen?
Lindert es euren Durst,
euren stetigen Hunger nach mehr?

Versteht mich jetzt bitte nicht falsch,
bekommt das hier bloß nicht in den falschen Hals.
Ich steh hier aus freien Stücken
um mit meinen Worten den Abend zu schmücken.
Ich reiche euch mein Inneres
fein säuberlich aufgeschnitten und zurechtgelegt,
und ihr dürft entscheiden ob es euch bewegt.
Schaut wo ihr eure Parallelen zieht,
auch wenn man die nicht gleich sieht.

Ich gebe euch die Worte
die ihr vielleicht nicht habt,
nach denen ihr innerlich
doch schon so lange fragt.
Oder auch nicht
vielleicht ist das hier gar nicht euer Gedicht
und ihr seid froh,
wenn ich hier gleich wieder weg bin.

Aber für meine 5 Minuten hier oben,
Habe ich den Faden gespannt
als intensives Band
zwischen mir und euch.
Ich sehe alte und neue Gesichter,
ein paar von euch sogar selber Dichter.

linda maria brenke

Sind wir nicht alle ein bisschen süchtig
nach dieser Art Intimität?
Heimlich sind wir wohl alle Voyeure,
können einfach nicht wegschauen,
können uns eigentlich nicht mal selbst trauen.

Also schaut mir zu,
wenn ich meine Hüllen fallen lasse
und sagt mir
schmeckt euch das Blut
zwischen meinen Zeilen?
Bin ich euch genug?

The taste of a poet

As a writer
who puts
every flicker and vibration
of human connection
on a throne of poetry
embellishes it with words

I wonder
what it feels like
to be looked at like art
to be kissed like a muse
to float between words and every creation

I wonder
what it feels like
to be loved by a poet

linda maria brenke

about art

Sometimes art
the one full of misery and mesmeric beauty
holds more than my human heart can take.
It crushes it in deep water
then lets it soak itself up till it overflows
and finally drowns and rises from death
in the very same inhalation.

And just like a glass of wine on Saturday nights
like a favorite song played out loud at midnight
in the middle of summer
like a cigarette on a Sunday morning,
like kisses on bare skin make us feel like
like drugs and music and love -
art is and addiction.

And just like every addiction does
art gets the best of me
takes whatever I have left
every hope and creativity
every flicker of each pain and happiness
and turns it into something
that I am willing to give my last breath for.

Cause art -
art is what keeps us alive.

burden of the universe

Every once in a while
the atmosphere caves in
and leans on my shoulders
just for a second to rest

And just for that second
I am flooded with the burden of the universe
with the secret of every planted seed
and every piece of stardust
with both beginning and ending of it all

For the fraction of a moment
I get it all
the thirst and thrive
the lust and longing
the restlessness
the intimacy in between

Then the universe lets go of me
and holds itself together again
the fraction of insight
becomes a memory
slipping through my fingertips
and I am left behind
thirsty and longing

linda maria brenke

linda maria brenke

Danksagung

Mit keinen Worten der Welt,
kann ich beschreiben was dieses Buch mir bedeutet.

Wer es bis hierher geschafft hat,
hat mein tiefstes Inneres
auf dem Silbertablett serviert bekommen.
Ich hoffe, ihr habt euch ein bisschen
zwischen meinen Zeilen verloren,
seid in eigenen Erinnerungen
und nostalgischen Momenten abgetaucht
und habt ein Teil von euch
in meinen Worten wiedergefunden.

In diesen Seiten
stecken Monate und Jahre
an privaten Höhen und Tiefen,
Momente des flüchtigen Durchblicks,
des naiven Glücks
und des absoluten Gefühlschaos.

Ich schenke euch meine Seele
und hoffe, ihr haltet sie behutsam
zwischen euren Handflächen und Herzklappen.

Danke.
An Mama und Papa,
dafür, dass ihr mir bei allen Wünschen und Zielen,
egal wie groß oder riskant, stets den Rücken stärkt.
An meinen engsten Kreis,
dafür, dass ihr all das mit mir teilt
und so seid, wie ihr seid; nämlich wundervoll.

Danke.
An jeden Einzelnen von euch
der meinen Worten die Zeit und Offenheit
entgegenbringt, gehört und verstanden zu werden.
An jeden der ihnen den Wert zuspricht
der dieses Buch ermöglicht.

Danke.
An alle helfenden Hände, Ohren und Herzen
die mir im Laufe des Prozesses dieses Buches,
mit all meinen wirren Gedankengängen und Wortfetzen
stets zu Seite standen
und meine Euphorie über
jeden kleinen Schritt geteilt haben –
ohne euch wäre das hier nicht nur halb so schön.

linda maria brenke

Chaos

Melancholiebe

Sekundenbruchteil

Mucksmäuschenstille

Wehmut

Niemand

Reibeisenstimme

Vergangenheit

Kopfkino

Nachtluft

Gedankenmeer

bittersüße Melancholie

Aufbruchsstimmung

Melodie

Trunkenheit

benebelt

Ekstase

Oase

verglüht

ausgetanzte Füße

jetzt

Dopamin

Kodak - Momente

Ästhetik

Rausch

wundersam

verliebt

vielleicht

himmlisch

Haut

Blüte

Lust

Leidenschaft

Zweisamkeit

Einsamkeit

Trostlos

Pflaster

Wanderlust

Seelenbummler

Fernweh

Ozean

Meeresrauschen

Weite

Stürme

Horizont

Sehnsüchtig

Heimweh

Zuhause

linda maria brenke